Armin Täubner

Wintersport der Tiere

Fensterbilder aus Tonkarton

Frech-Verlag Stuttgart

Ein Auswahl weiterer Titel zum Thema „Tiere aus Tonkarton“:

Armin Täubner

Lustige Drachen und Gespenster

Sie können zwar auch Feuer speien oder Leute erschrecken, aber meist sind sie recht freundlich. Moderne Drachen interessieren sich für Skateboard fahren, Schwimmen gehen, durch die Lüfte schweben ... Tonkarton und Plusterfarben ergänzen sich dabei in bewährter Weise – der Tonkarton sorgt für die bunte Vielfalt, die Plusterfarben für die witzigen, tollen Effekte! Im großen A4-Format, 32 Seiten, viele Farbfotos und Vorlagenbogen.

TOPP 1650 ISBN 3-7724-1650-0

Armin Täubner

Und los geht's

**Tiere auf Rädern.
Fensterbilder aus Tonkarton**

Alle Tiere haben sich einen fahrbaren Untersatz besorgt: Der Frosch fährt mit dem Dreirad, das Nilpferd balanciert auf dem Skateboard, das Schaf wird zum rasenden Go-Kart-Fahrer, und der Drachen düst auf dem Holzroller hinterher. Nur der nachdenkliche Elefant hat sich ein anderes Gefährt ausgesucht ... Leicht nachzuarbeiten. Im großen A4-Format, 32 Seiten, viele Farbfotos und Vorlagenbogen.

TOPP 1653 ISBN 3-7724-1653-5

Fotos: Frech-Verlag GmbH + Co. Druck KG, D-70499 Stuttgart; Birgitt Gutermuth

Auflage: 6. 5. 4. 3. 2. | Letzte Zahlen
Jahr: 1997 96 95 94 93 | maßgebend

frech-verlag GmbH + Co. Druck KG, D-70499 Stuttgart

ISBN 3-7724-1695-0 · Best.-Nr. 1695

Druck: Frech-Verlag GmbH + Co. Druck KG, D-70499 Stuttgart

Jetzt fängt sie wieder an – die Winterzeit! Und was ist dabei natürlich das Wichtigste? Der Schnee! Jetzt tummeln sich Mensch und Tier auf der Eisfläche, der Skipiste und der Rodelbahn.

Da gibt es einen Drachen, der auf seinen drei Skiern in rasender Geschwindigkeit die Piste hinuntersaust, einen Eishockeyhund, der gerade den „Kontakt" zur Eisfläche gefunden hat und einen Elefanten, der seine Siebensachen in einem Schneechaos wiederfinden muß. Ob allein oder zu zweit, in diesem lustigen Wintertreiben wird es bestimmt niemandem langweilig.

Armin Täubner zeigt Ihnen in diesem Buch einen kleinen Ausschnitt davon, wie die nächste Winter-Olympiade der Tiere aussehen könnte. Also, ans Training mit Bello, Dino, Teddy und Co.

Fensterbilder

Material:
Ton- und Fotokarton in verschiedenen Farben, Gewicht 250–300 g/qm; weißes Transparentpapier (Architektenpapier); Butterbrotpapier für Schablonen

Werkzeug:
Mittelgroße, spitze Schere; Nagelschere; Cutter mit Schneideunterlage; Zirkel; Klebstoff; Bleistift; Kugelschreiber; Geo-Dreieck; Vorstechnadel zum Einstechen der Aufhängelöcher; Garn

1. Abpausen und Übertragen der Motive

Es gibt zwei Möglichkeiten:

Schablonen herstellen

Die einzelnen Teile werden ohne Überschneidungen von der Schnittvorlage nebeneinander auf Butterbrotpapier oder weißes Transparentpapier mit Bleistift abgepaust. Die gepausten Teile nun auf einen dünnen Karton kleben und exakt ausschneiden. Diese Schablonen werden auf den Tonkarton gelegt und die Umrisse mit Bleistift nachgezogen.

Direktübertragung auf Tonkarton

Die Teile der Schnittvorlage werden mit Bleistift ohne Überschneidungen auf kräftiges weißes Transparentpapier gepaust. Dieses Papier direkt auf den Tonkarton legen. Mit einem Kugelschreiber werden die Umrisse der Einzelformen nachgezogen. Die Konturen drücken sich in den Karton ein und können direkt ausgeschnitten werden.

2. Das Ausschneiden

Der überwiegende Teil der Schneidearbeit wird mit dem Cutter oder Bastelmesser ausgeführt. Diese Messer haben verschiebbare Klingen. Ist die Spitze der benutzten Klinge stumpf, wird sie einfach abgebrochen und die neue Klinge nachgeschoben. Mit dieser Klinge können exakte Schnitte an den für Scheren schwer bzw. unzugänglichen Stellen ausgeführt werden. Das Messer halten Sie beim Schneiden wie einen Kugelschreiber. Vorher müssen Sie allerdings unter den Tonkarton eine Schneideunterlage aus dem Fachhandel legen. Zur Not genügt auch ein dicker Karton. Ist die Kartonunterlage durch viele Schnitte zerfurcht, sollte sie ausgewechselt werden, weil sonst die Klinge beim Schneiden evtl. abgelenkt wird. Die Umrisse der Fensterbilder werden meist mit der Schere nachgeschnitten.

3. Nach oben gewölbte Kartonränder

Sie entstehen, wenn Kartonformen mit dem Messer ausgeschnitten werden. Auf diese Stellen einfach einen Bogen Papier legen, und die Ränder mit dem Fingernagel kräftig nachziehen. Durch das aufgelegte Papier werden die geglätteten Ränder nicht speckig.

4. Gestaltung von Vorder- und Rückseite des Fensterbildes

Im Buch wird stets beschrieben, wie die Vorderseite des Fensterbildes gearbeitet wird. Bei frei hängenden Motiven werden die meisten Teile doppelt ausgeschnitten und in derselben Reihenfolge wie auf der Vorderseite, jedoch spiegelverkehrt, angeklebt.

Pluster-Pen

Plusterfarben wurden ursprünglich für den textilen Bereich entwickelt. Charakteristisch für Plusterfarben ist, daß sie unter Hitzeeinwirkung aufquellen. Dies geschieht bei Textilien durch Bügeln der Rückseite, bei bemalten Kartons durch Fönen von vorne. Sie können diese Farben auch auf andere Oberflächen, z. B. Holz, Stroh, Glas etc. auftragen und durch Fönen zum Quellen bringen.

Plusterfarben werden entweder mit dem Pinsel oder mit dem sogenannten Pluster-Pen aufgetragen. Für die Verzierung von Fensterbildern verwendet man vorwiegend den Pluster-Pen, denn mit ihm können sowohl Punkte als auch Linien, Strukturen und kleinere Flächen gemalt werden.

Bevor der Pluster-Pen gezielt beim Basteln eingesetzt werden kann, sollte man ihn auf einem Probekarton testen. Dazu werden einige Punkte, Linien, Buchstaben, Strukturen und eine kleine Farbfläche auf den Karton aufgetragen. Lassen Sie die Farbe mehrere Stunden trocknen.

Wird jetzt die Farbe schräg von der Seite auf höchster Stufe gefönt, wird sie etwas heller und quillt auf. Sie können zur Probe anschließend dieselben Punkte, Linien und Flächen daneben nochmals auftragen und *sofort* fönen. Der Plustereffekt ist bei der zweiten Methode deutlicher und erinnert ein wenig an Frotteestoff.

Größere Flächen lassen sich nur dann relativ gleichmäßig plustern, wenn zum einen der Farbauftrag gleichmäßig ist, und wenn zum anderen die Farbe vor dem Fönen durchtrocknen kann. Andererseits ist beispielsweise bei Schneeflächen die unregelmäßige Oberflächenstruktur durchaus erwünscht.

Zu beachten ist, daß sofort geplusterte Flächen bei mehrmaligem Fönen unregelmäßig dunkler werden und etwas an Volumen verlieren können. Diese Plusterflächen sind auch nicht so strapazierfähig wie Flächen, deren Farbe vor dem Fönen mehrere Stunden trocknen konnte.

Alles aufsteigen!

Für das Snowboard die pinkfarbene Oberseite (durchgezogene Linie) auf die gelbe Unterseite (gestrichelte Linie) kleben. Auf der Oberseite noch zwei schwarze Trittflächen anbringen. Das Snowboard auf der Schneefläche fixieren. Auf den braunen Schafskörper (durchgezogene Linie) das weiße Fell (gestrichelte Linie) kleben. Von hinten jeweils das zweite Bein (Strich-Punkt-Linie) ankleben. Anschließend die Skibrille und das Ohr befestigen. Nase und Mund aufmalen. Nun das Schaf auf das Snowboard stellen. Am Hasenrumpf (durchgezogene Linie) Arme, das linke Bein und die Ohren ankleben und das Hasengesicht aufmalen. Den Hasen von vorne auf den Schafrücken setzen und von hinten das hintere Bein fixieren.
Mit weißem Pluster-Pen kann man nun die Schneespritzer malen und das Schafsfell umranden.

Sei kein Frosch!

Den Anorak (gestrichelte Linie) ausschneiden, an die Kapuze den Froschkopf (punktierte Linie) anlegen und den weißen Pelzbesatz (durchgezogene Linie) aufkleben. Anschließend die rote Innenfläche des Froschmauls und das gelbe Auge am Kopf fixieren. Mit schwarzem Filzstift das Gesicht vervollständigen. Den Anorak von hinten an den gelben Schlitten (durchgezogene Linie) kleben.
Ebenfalls von hinten die Hosenbeine samt Schuhe am Anorak bzw. am Schlitten befestigen. Nun den Handschuh an den Ärmel anlegen und den Pelzbesatz (punktierte Linie) aufkleben. Den Ärmel am Anorak fixieren. Hinter den Handschuh den schwarzen Griff schieben und am Schlitten befestigen.
Der Pelzbesatz kann nun mit weißem Pluster-Pen aufgemalt und der Schnee aufgespritzt werden.

Aufgepaßt, jetzt komme ich!

Am Schweinekopf (durchgezogene Linie) beidseitig die Ohren ankleben, wobei diese nur am Ansatz fixiert werden, damit sie etwas abstehen. Anschließend das Auge und die Rüsselscheibe mit den Nasenlöchern aufmalen. Die Nasenlöcher evtl. mit rotem Farbstift ausmalen. Den Kopf und den Pullover (gestrichelte Linie) anlegen und das doppelt ausgeschnittene, gestrichelte Schalteil beidseitig aufkleben. Das zweite Schalteil (punktierte Linie) nur von hinten anbringen.

Am Pullover von hinten den Ringelschwanz und die Hose (durchgezogene Linie) befestigen. Die Schuhe von hinten an den Hosenbeinen fixieren. Als nächstes das Schwein auf das Snowboard stellen und die grünen Befestigungsriemen (durchgezogene Linien) anbringen. Den linken und rechten Ärmel doppelt ausschneiden und jeweils eine Hand dazwischenkleben. Zum Schluß die Ärmel am Pullover fixieren.

Mit Pluster-Pen die Konturen der Kleidungsstücke nachziehen und den aufspritzenden Schnee andeuten.

Zeichnung in Originalgröße siehe Vorlagenbogen

Hals- und Beinbruch

Den Kopf (durchgezogene Linie) ausschneiden und an der Schnauzenunterseite von hinten das rote Maulteil (punktierte Linie) anbringen. Von vorne die Sonnenbrille ankleben. Die Nüstern und die Innenränder der Ohren aufmalen.

Nun den Kopf auf dem gelben Pullover (gestrichelte Linie) fixieren. Am Pullover von hinten die Hose samt Skistiefeln befestigen. Daran ebenfalls von hinten die Skier anbringen.
Am ausgestreckten Ärmel von hinten das große Handschuhteil (durchgezogene Linie) ankleben. Darauf den Skistock und das kleine Handschuhteil (punktierte Linie) fixieren. Am anderen Ärmel von hinten Handschuh und Skistock befestigen. Den Ärmel am Pullover ankleben und mit Pluster-Pen das Nilpferd etwas anmalen.

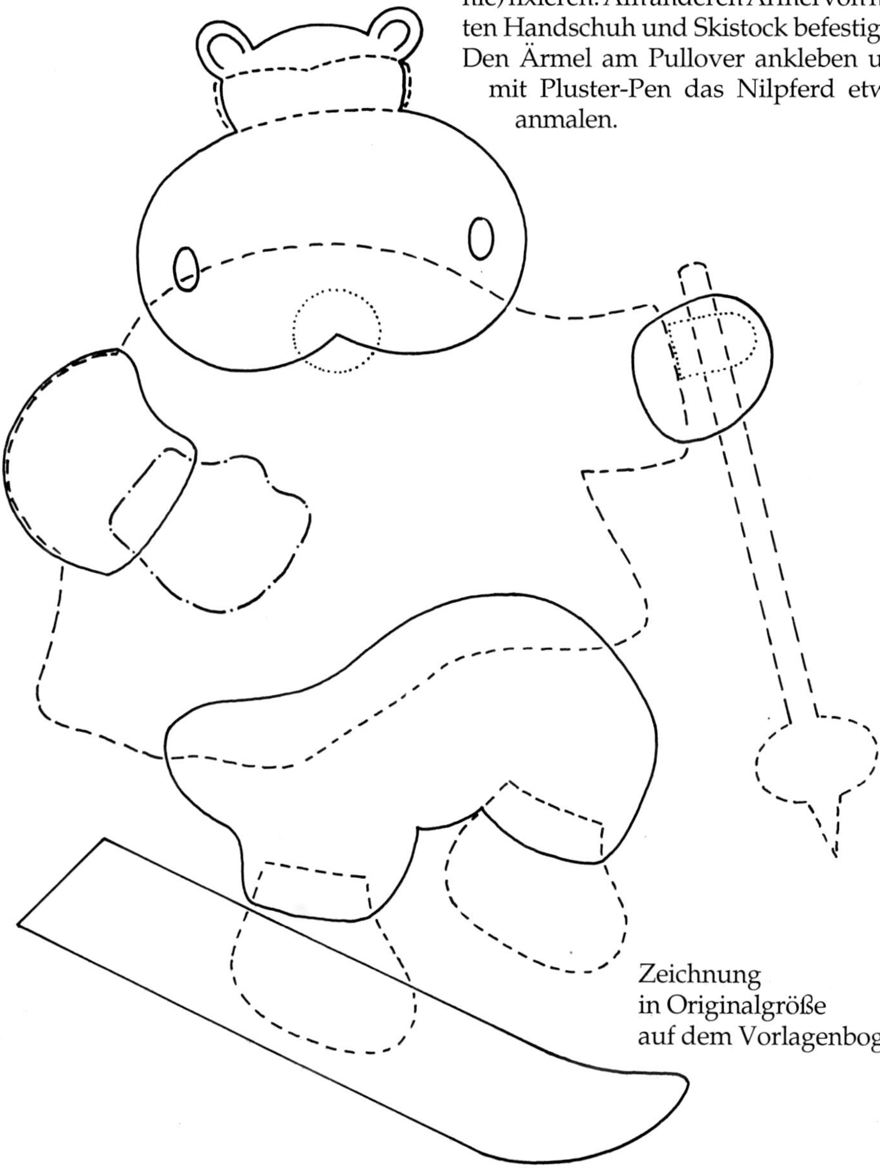

Zeichnung
in Originalgröße
auf dem Vorlagenbogen

Ein Dachs auf „allen Vieren"

Am Skibobgestell (gestrichelte Linie) von hinten die Lenkstange (durchgezogene Linie) und von vorne den Sitz sowie die Skier ankleben.
Der weiße Dachskopf (gestrichelte Linie) erhält einen schwarzen Seitenstreifen (punktierte Linie) mit einem kleinen Augenausschnitt. Nun die Ohren ankleben und das Gesicht aufmalen. Den Kopf von hinten am hellblauen Rennanzug (durchgezogene Linie) befestigen. Mit Filzstift können Längs- und Querstreifen aufgemalt werden. Ebenfalls von hinten den Schwanz und den linken Schuh samt Ski anbringen. Den Dachs auf den Skibob setzen. Von hinten das zweite Hinterbein samt Schuh und Ski ankleben. Den Ärmel (Strich-Punkt-Linie) samt Pfote am Anzug und an der Lenkstange fixieren. Zum Schluß den Skibobfahrer auf die Schneefläche kleben. Mit Pluster-Pen etwas Schnee aufmalen.

Vorlage in Originalgröße, ergänzende Zeichnung auf dem Vorlagenbogen.

Ein Schlitten für zwei!

Am Kuhkopf von vorne und von hinten jeweils ein Ohr ankleben. Das darauf geklebte Haarteil (Strich-Punkt-Linie) verdeckt teilweise die Ansatzstelle des vorderen Ohrs. Darauf die beiden Hörner plazieren. Als nächstes das Kuhmaul (punktierte Linie) aufmalen und die Zunge ankleben. Augen und Nüstern aufmalen. Nun die braunen Fellflecken und die Schwanzquaste anbringen. Die Kuh auf den Schlitten legen – wobei die Schlittenspitze zwischen die Vorderfüße geschoben wird –, und den Schlitten auf der Schneefläche fixieren. Dem Hund zuerst das Halsband anlegen und dann die Ohren ankleben. Mit einem schwarzen Stift Nase und Auge an- bzw. aufmalen. Zum Schluß den Hund auf dem Kuhrücken befestigen und mit Pluster-Pen noch einige Akzente setzen.

„Auf Eis gelegt“!

Die Schlittschuhe an den Hosenbeinen fixieren. Nun die beiden Hosenbeine aufeinanderkleben. Als nächstes die Hosenbeine von hinten am weißen, mit Filzstift verzierten Dreßoberteil (Strich-Punkt-Linie) befestigen. Den Schwanz nicht vergessen. Nun die Ärmel samt Handschuhen von vorne bzw. von hinten am Oberteil fixieren. Den Kopf (punktierte Linie) von hinten am Dreß anbringen. Von vorne das Ohr und den zweiteiligen Helm anordnen. Die Nase aufkleben und das Gesicht aufmalen. Den gestürzten Eishockeyspieler samt Schläger auf die Eisfläche kleben und das Fensterbild mit Pluster-Pen verzieren.

Zeichnungen in Originalgröße
siehe Vorlagenbogen

Ich dreh' hier meine Runden!

Zuerst den weißen Rumpf (durchgezogene Linie) ausschneiden. Am Kuhkopf das Ohr, dann das Haarteil (gestrichelte Linie) und das Horn ankleben. Das zweite Horn von hinten fixieren. Nun das Gesicht aufmalen und anschließend die Nüster mit einem Farbstift ausmalen.

Am weißen Rumpf die braunen Fellflecken (gestrichelte Linien) und die Schwanzquaste fixieren. Als nächstes das Euter, die Schlittschuhe (Strich-Punkt-Linie) und den dreiteiligen Schal anbringen. Den fehlenden Arm (punktierte Linie) mit dem braunen Fellflecken versehen und am Rumpf ankleben. Abschließend mit Pluster-Pen noch einige Akzente setzen.

Der Bär ist los!

Teddybär:
Vorder- und Hinterbeine beidseitig und leicht versetzt am Rumpf (durchgezogene Linie) fixieren. Nun das Halsband und die Ohren anbringen. Das Bärengesicht aufmalen.

Sitzender Bär:
Am Kopf zunächst die Ohren ankleben und das Gesicht aufmalen. Kopf und Hose von hinten am Pullover (gestrichelte Linie) befestigen. Stiefel und Ärmel samt Handschuh anbringen.

Bär und Teddybär auf den Schlitten setzen.

Gestürzter Bär:
Bärenkopf (durchgezogene Linie) und Hose an den Anorak (gestrichelte Linie) anlegen und die weißen Pelzbesätze (punktierte Linien) aufkleben. Das Bärengesicht aufmalen. Ärmel, Pelzbesatz und Hand doppelt ausschneiden. Jeweils eine Hand an einen Ärmel legen und den Pelzbesatz aufkleben. Die Ärmel am Anorak fixieren. Nun die Stiefel von hinten an der Hose anbringen. Mit Pluster-Pen den Schnee aufmalen.

Der Bär ist los!

Ergänzende Zeichnungen
siehe Vorlagenbogen

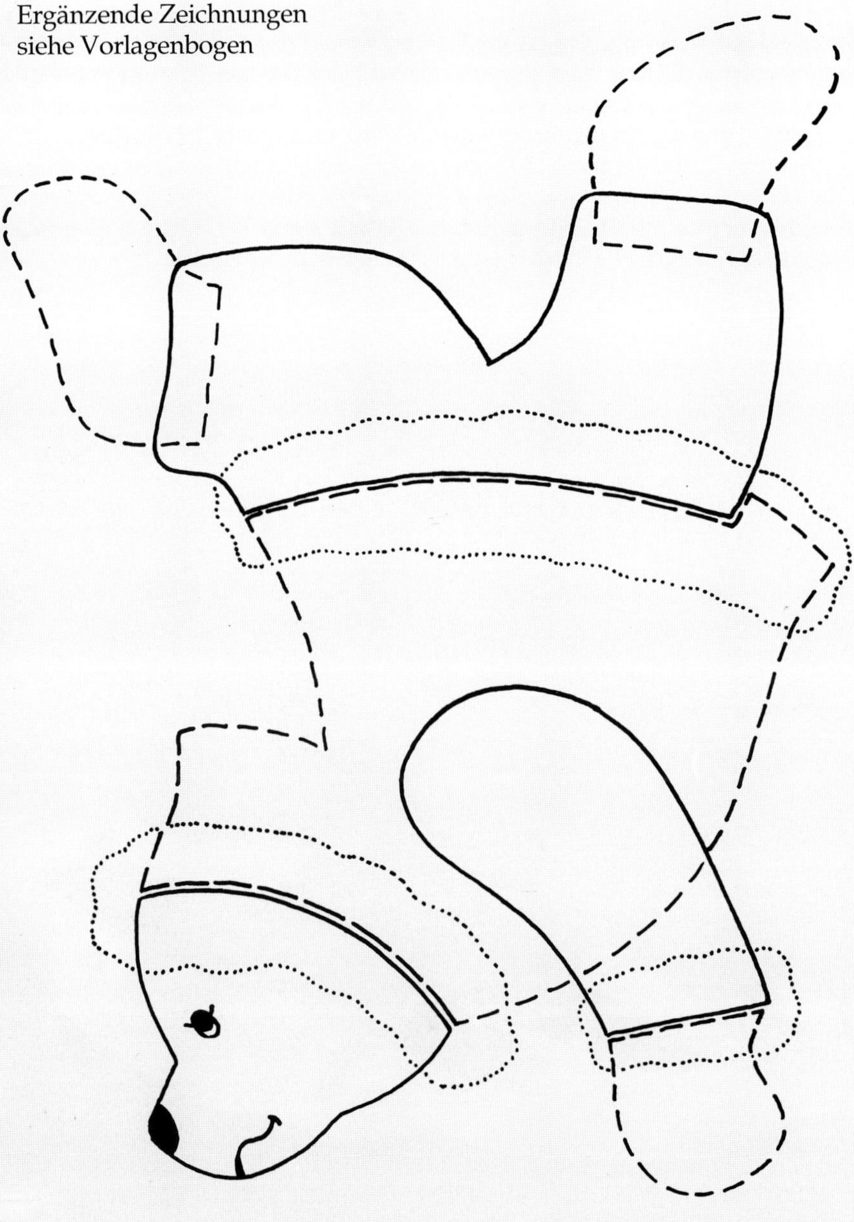

Auf zur lustigen Drachenfahrt!

Am grünen Drachenrumpf (durchgezogene Linie) von vorne die gelbe Unterseite (gestrichelte Linie) anbringen. Als nächstes das grüne Schnauzenteil (punktierte Linie) mit dem aufgeklebten Maul am Kopf befestigen. Augen, Ohrenränder und Nasenlöcher aufmalen. Von hinten das Flügelpaar fixieren. Die Hinterbeine samt Skiern befestigen. Den dritten Ski von hinten am Schwanz ankleben. Die Skier erhalten zur Fixierung jeweils ein breites schwarzes Band (gestrichelte Linie). Den Drachen auf der Schneefläche plazieren. Nun können die Arme und die Skistöcke angebracht werden.
Der grüne Drachenrumpf kann nun mit grünem Pluster-Pen konturiert werden. Die Schneeflocken werden ebenfalls mit Pluster-Pen aufgemalt.

Ein Fuchs in Fahrt!

Den Bob (durchgezogene Linie) ausschneiden, die Kufen mit Filzstift schwarz anmalen und den roten Zierstreifen aufkleben. Anschließend den Fuchsschwanz (Strich-Punkt-Linie) an den Bob anlegen. Nun den hellblauen Anzug (gestrichelte Linie) aufkleben. Evtl. einen schwarzen Zierstreifen aufmalen. Den ebenfalls mit einem Streifen verzierten Ärmel anbringen.

Am Fuchskopf zuerst die Brille, dann das zweiteilige Ohr fixieren. Nase und Maul aufmalen. Die Zunge entweder aufkleben oder aufmalen. Als nächstes den Kopf an den Anzug anlegen und den Schal aufkleben.

Der Saurier ist los!

Am Baumstamm die gelbe Bruchstelle (punktierte Linie) ankleben. Den Stamm auf der Schneefläche fixieren, und mit Filzstift auf dem Stamm durch kurze, unregelmäßige Striche die Baumrinde andeuten. Den Saurierrumpf (gestrichelte Linie), Arme und Beine bereits vor dem Zusammenkleben bemalen. Das Gesicht aufmalen. Beim Zusammenkleben die Teile auf den Vorlagenbogen legen. Nun den Saurier auf dem Baumstamm fixieren. Mit Pluster-Pen die Schneespritzer aufmalen.

Start frei zum Spiel!

Das Hosenbein und den Schlittschuh doppelt ausschneiden. Nun die Schlittschuhe von vorne an den Hosenbeinen befestigen und die Hosenbeine leicht versetzt aufeinanderkleben. Den Schwanz von hinten an der Hose fixieren. Die Hose und den Kopf von hinten am gelben Dreßoberteil (durchgezogene Linie) anbringen. Anschließend die mit Streifen bemalten Ärmel samt Handschuhen ankleben. Zwischen den Handschuhen den Eishockeyschläger fixieren. Den Hockeyspieler auf die Eisfläche stellen. Am Kopf Nase, Ohr und schließlich den Helm ankleben. Auge und Maul aufmalen. Zum Schluß das Fensterbild mit Plusterfarbe überarbeiten.

Bahn frei!

Am Bärenkopf die beiden Ohren fixieren und das Gesicht aufmalen. Anschließend den Kopf an den Pullover (gestrichelte Linie) anlegen und den Rollkragen (punktierte Linie) aufkleben. Die Hose von hinten am Pullover befestigen. Die Schuhe und ein Teil des gelben Gleitsitzes (punktierte Linie) ebenfalls von hinten an der Hose bzw. am Pullover anbringen.
Das zweite Gleitsitzteil mit dem runden Haltegriff (durchgezogene Linie) von vorne auf die Hose kleben. An den Ärmeln von hinten die Hände fixieren. Nun die Ärmel am Pullover befestigen. Abschließend den gleitenden Bären auf die Schneefläche kleben. Mit Pluster-Pen können Schneespuren auf die Kleidung und den Gleitsitz gemalt werden.

Vorlage in Originalgröße

Aller Anfang ist schwer

Die zweiteilige Mütze am Elefantenkopf fixieren. Nun die Stoßzähne und das Ohr (punktierte Linie) anbringen. Mit einem Tuschefüller das Gesicht aufmalen. Als nächstes den Elefantenkopf auf den Schneehügel kleben. Die Beine samt schwarzen Stiefeln und Skiern von vorne bzw. von hinten am Schneehügel befestigen. Abschließend das Fensterbild mit weißem Pluster-Pen überarbeiten.

Glück im Unglück!

Das Hinterteil des Hasen (gestrichelte Linie) von hinten an der Tanne fixieren. Von vorne den Kopf und die beiden Pfoten anbringen. Das Hasengesicht aufmalen. Nun die Tanne auf die Schneefläche kleben. Schlitten und Schal ebenfalls an der Tanne befestigen. Die Mütze etwas abseits in den Schnee legen. Abschließend das Fensterbild mit Pluster-Pen überarbeiten.

Zeit für ein Nickerchen!

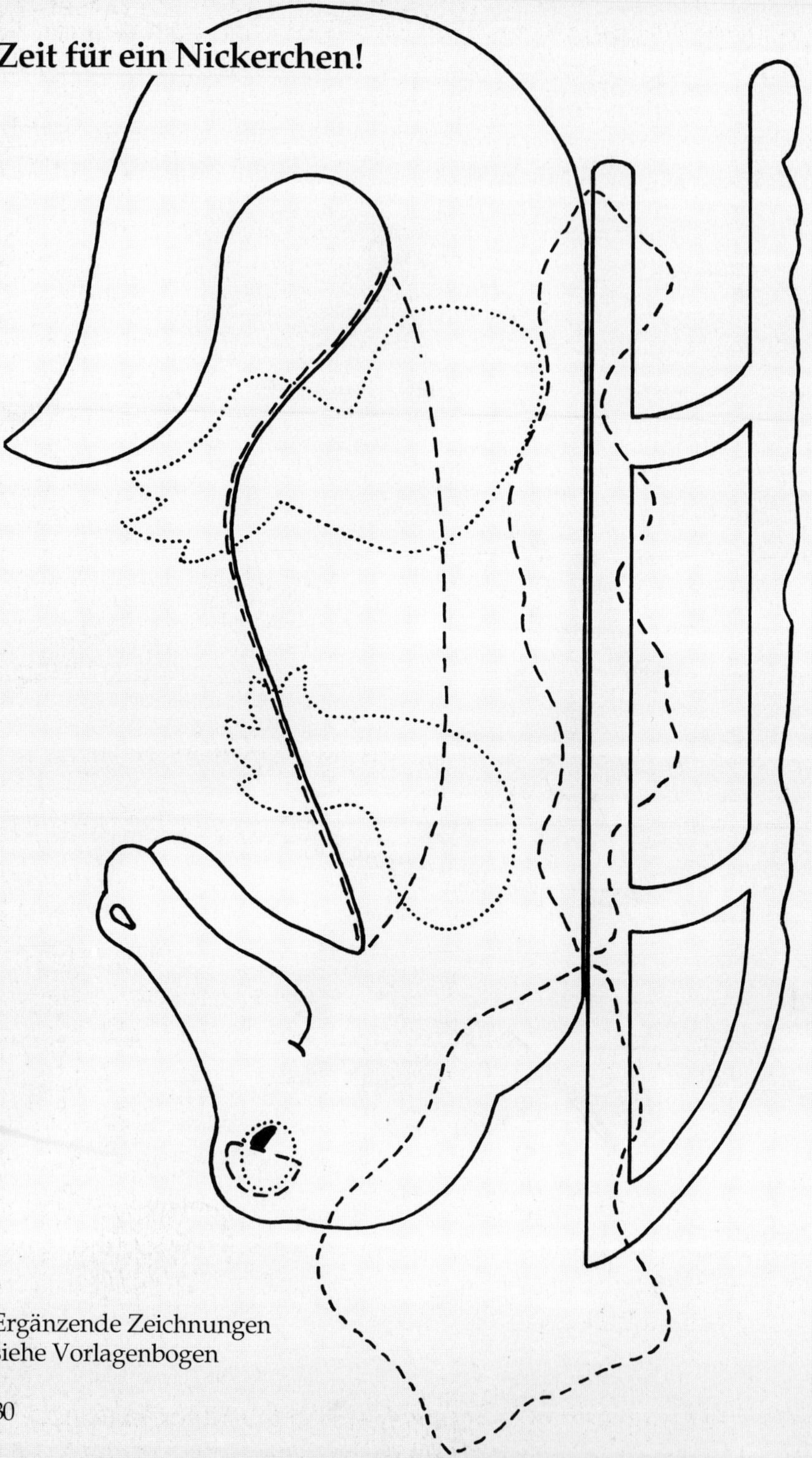

Ergänzende Zeichnungen
siehe Vorlagenbogen

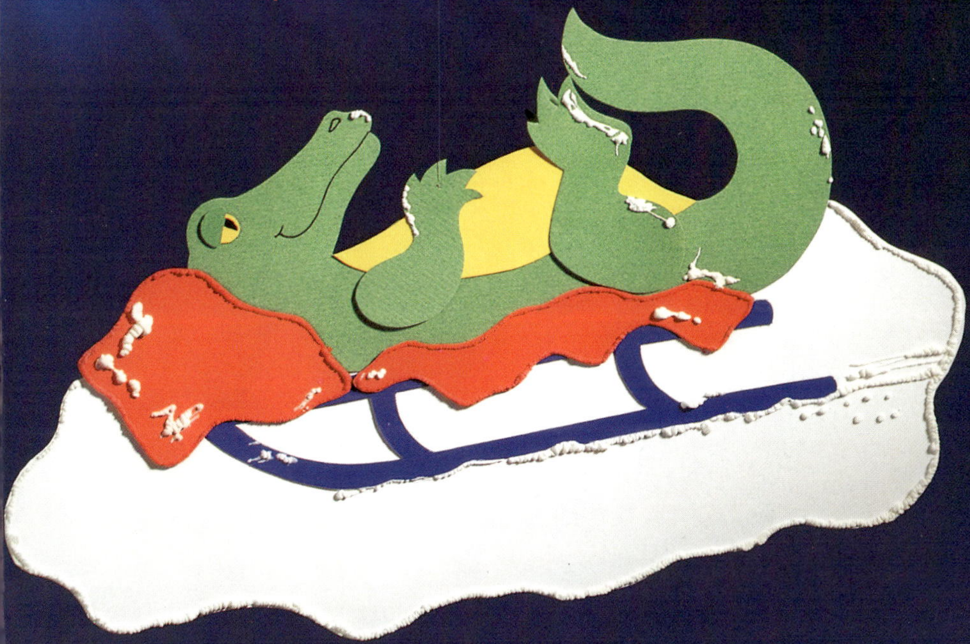

Zeit für ein Nickerchen!

Den grünen Krokodilrumpf (durchgezogene Linie) auf den Schlitten legen. Kissen und Decke (gestrichelte Linien) aufkleben. Am Kopf Auge und Lid befestigen. Maul und Nasenloch aufmalen. Als nächstes die gelbe Bauchfläche (gestrichelte Linie) am Rumpf anbringen. Arme und Beine ankleben und abschließend den Schlitten auf der Schneefläche plazieren.
Das Krokodil mittels Pluster-Pen mit Schnee verzieren.

Geflogen wie gesprungen!

Zuerst den Schnabel, und dann die Skibrille am Gänsekopf fixieren. Mit dem Tuschefüller die Trennlinie zwischen den Schnabelhälften und das Nasenloch aufzeichnen. Als nächstes die Flügel leicht versetzt am Rumpf befestigen. Zunächst einen Fuß von vorne anbringen und von hinten den Ski daran befestigen. Von vorne den schwarzen Halteriemen fixieren. Nun den zweiten Fuß samt Ski und Halteriemen ankleben.